ratio

Band 5

FÄLLE AUS DEM RÖMISCHEN RECHT

ausgewählt und erklärt von

Manfred Fuhrmann
und Detlef Liebs

C. C. Buchners Verlag · Bamberg

ratio

Lernzielbezogene lateinische Texte

herausgegeben von Erich Happ und Klaus Westphalen

Der 5. Band wurde bearbeitet von Manfred Fuhrmann und Detlef Liebs

Zum lernmittelfreien Gebrauch an den Gymnasien
in Bayern unter Nr. 8/65936/74 zugelassen

3. Auflage 3 3 2 1984 81
Die letzte Zahl bedeutet das Jahr dieses Druckes.

ISBN 3 7661 **5755** 8

Einband: Peter Hofmann, Bamberg
Gesamtherstellung: Fränkischer Tag GmbH & Co., Bamberg

INHALT

Sonstige Vereinbarungen

VORWORT

Römisches Recht am Gymnasium: Man hat schon öfters versucht, den gymnasialen Lateinunterricht auch für den wichtigsten römischen Anteil an der europäischen Kultur dienstbar zu machen. Vielleicht sind hierfür gegenwärtig die Voraussetzungen besonders günstig: Das römische Recht eignet sich für die thematische Lektüre, und es eignet sich besonders gut für einen sei es Analogien, sei es Gegensätze feststellenden Vergleich mit den heutigen Zuständen.

Dieser Versuch verdankt der Initiative vieler Kollegen vom Gymnasium sein Dasein: Sie haben die Bearbeiter zu Vorträgen und Fortbildungskursen eingeladen und immer wieder auf ein Hilfsmittel für den Unterricht gedrungen. In Bayern wird ein Kollegstufen-Grundkurs Römisches Recht vorbereitet. Es lag daher für die Bearbeiter nahe, auf ein freundliches Angebot der Herren Dr. E. Happ und Dr. K. Westphalen einzugehen und das von ihnen zusammengestellte Hilfsmittel in der von den Genannten herausgegebenen Reihe ‚ratio' erscheinen zu lassen.

Das Schülerheft enthält lediglich die — im wesentlichen orginalen — Texte und ein begleitendes Glossar. In dem Glossar sind alle Wörter und Wortbedeutungen aufgeführt, die sich in den gängigen Wortkunden nicht finden. Allerdings sind diejenigen in diesen Wortkunden nicht genannten Wörter und Wortbedeutungen, die in mehr als drei Texten dieser Sammlung auftreten, am Schluß in alphabetischer Reihenfolge zusammengestellt: Die Bearbeiter hielten es für zumutbar, daß die Schüler diese kleine Liste vor Beginn der Lektüre ihrem Gedächtnis einprägen.

Zur 3. Auflage

Der oben erwähnte Grundkurs Römisches Recht ist inzwischen veröffentlicht in: Curricularer Lehrplan für Latein in der Kollegstufe, Amtsblatt des Bayer. Staatsministeriums für Unterricht und Kultus, 1974, Nr. 26, S. 1795ff.

Zur Behandlung einfacher Rechtsfälle im Lateinunterricht vgl. M. Fuhrmann, Römisches Recht am Gymnasium — Überlegungen zu einem Oberstufenkurs, in: Alte Sprachen in der Krise?, Stuttgart 1976, S. 95ff.

Einige ergänzende Texte, auch für Klassenarbeiten, behandelt R. Börker in: Der altsprachliche Unterricht, XX,5, 1977, S. 82ff.

RECHT UND PROZESS DER RÖMER

1. Die Quellen des römischen Rechts

Constant iura populi Romani ex legibus, plebiscitis, senatusconsultis, constitutionibus principum, edictis eorum qui ius edicendi habent, responsis prudentium.

Lex est, quod populus iubet atque constituit. Plebiscitum est, quod plebs iubet atque constituit. Plebs autem a populo eo distat, quod populi appellatione universi cives significantur connumeratis etiam patriciis; plebis autem appellatione sine patriciis ceteri cives significantur; unde olim patricii dicebant plebiscitis se non teneri, quia sine auctoritate eorum facta essent; sed postea lex Hortensia lata est, qua cautum est, ut plebiscita universum populum tenerent; itaque eo modo legibus exaequata sunt. Senatusconsultum est, quod senatus iubet atque constituit, idque legis vicem obtinet, quamvis fuerit quaesitum. Constitutio principis est, quod imperator decreto vel edicto vel epistula constituit. Nec umquam dubitatum est, quin id legis vicem obtineat, cum ipse imperator per legem imperium accipiat. Edicta sunt praecepta eorum, qui ius edicendi habent. Ius autem edicendi habent magistratus populi Romani; sed amplissimum ius est in edictis duorum praetorum, urbani et peregrini, item in edictis

---

1 **plebiscitum:** Beschluß der plebs — **constitutio:** Festsetzung, Anordnung, Verordnung — **princeps:** Kaiser — **edictum:** Bekanntmachung, Verordnung, Edikt — **edicere:** bekanntmachen, Verordnungen (Edikte) erlassen — **responsum:** (Rechts-)Bescheid, (Rechts-)Gutachten — **prudens:** =iuris prudens, rechtskundig — **appellatio:** Bezeichnung, Begriff — **connumerare:** mitzählen — **patricius:** Adliger, Patrizier — **cavere:** verordnen — **exaequare:** gleichstellen — **legis vicem:** Gesetzeskraft (vicis [gen.], -em, -e: Stelle, an die etwas statt eines anderen tritt) — **decretum:** Entscheidung, Urteil — **epistula:** Brief, Schreiben, schriftlicher Bescheid — **praetor urbanus:** Prätor für Rechtssachen unter Bürgern (urbanus: städtisch, Stadt-) — **praetor peregrinus:** Prätor für Rechtssachen mit und unter Ausländern (peregrinus: ausländisch, Fremden-) —

aedilium curulium. Responsa prudentium sunt sententiae et opiniones eorum, quibus permissum est iura condere. Quorum omnium si in unum sententiae concurrunt, id quod ita sentiunt, legis vicem obtinet; si vero dissentiunt, iudici licet quam velit sententiam sequi; idque rescripto divi Hadriani significatur.

2. Recht und Gerechtigkeit

Iuri operam daturum prius nosse oportet, unde nomen iuris descendat. Est autem a iustitia appellatum; nam, ut eleganter Celsus definit, ius est ars boni et aequi. Cuius merito quis nos sacerdotes appellet; iustitiam namque colimus et boni et aequi notitiam profitemur, aequum ab iniquo separantes, licitum ab illicito discernentes, bonos non solum metu poenarum, verum etiam praemiorum exhortatione efficere cupientes, veram nisi fallor philosophiam, non simulatam affectantes. Huius studii duae sunt positiones, publicum et privatum. Publicum ius est quod ad statum rei Romanae spectat, privatum quod ad singulorum utilitatem; sunt enim quaedam publice utilia, quaedam privatim.

---

aediles curules: Ädilen, die berechtigt waren, sich der sella curulis (des mit Elfenbein beschlagenen Amtssessels der höheren Magistrate) zu bedienen; (aediles: Markt-Polizei, Ädilen) — **condere iura:** Rechtssätze aufstellen — **in unum concurrere:** übereinstimmen — **rescriptum:** (kaiserliches) Antwortschreiben, schriftlicher (Rechts-)Bescheid (des Kaisers) — **divus:** göttlich (Prädikat verstorbener Kaiser).

2 nosse: = novisse — **descendere:** herrühren, entspringen — **elegans:** treffend, gut — **definire:** begrenzen, bestimmen — **cuius merito:** um dessentwillen, demnach — **namque** = nam, enim — **notitia:** Kenntnis — **separare:** trennen — **licitum:** Erlaubtes — **illicitum:** Unerlaubtes — **exhortatio:** Ermunterung, Ansporn — **falli:** sich täuschen — **philosophia:** Weisheit, Philosophie — **affectare:** nach etwas streben, sich um etwas bemühen — **studium:** Unterricht, Studium, Wissenschaft — **positio:** Aufstellung, Abteilung — **spectare ad:** sich beziehen auf.

3. a Kaiser Justinian befiehlt die Herstellung der Digesten

Iubemus igitur vobis antiquorum prudentium, quibus auctoritatem conscribendarum interpretandarumque legum sacratissimi principes praebuerunt, libros ad ius Romanum pertinentes et legere et elimare, ut ex his omnis materia colligatur, nulla (secundum quod possibile est) neque similitudine neque discordia derelicta, sed ex his hoc colligi, quod unum pro omnibus sufficiat.

3. b Er berichtet über die Ausführung

Sed cum omnia percontabamur, a viro excelso Triboniano suggestum est duo paene milia librorum esse conscripta et plus quam tricies centena milia versuum a veteribus effusa, quae necesse esset omnia et legere et perscrutari et ex his si quid optimum fuisset eligere. Nomen libris imposuimus digestorum seu pandectarum, quia omnes disputationes et decisiones in se habent legitimas et, quod undique fuit collectum, hoc in sinus suos receperunt, in centum quinquaginta paene milia versuum totum opus consummantes. Tanta

---

iubere mit Dat. u. Inf. = iubere mit a. c. i. — **prudens:** = iuris prudens, rechtskundig — **interpretari:** auslegen — **sacratissimus:** allerheiligst (Prädikat der spätantiken Kaiser) — **princeps:** Kaiser — **elimare:** ausfeilen, auslesen, sichten — **secundum quod possibile est:** soweit möglich — **similitudo:** Ähnlichkeit, ähnliche Stelle — **discordia:** Uneinigkeit, Widerspruch, widersprechende Stelle — **derelinquere:** zurücklassen, stehen lassen — **sufficere:** ausreichen. **3a**

percontari: durchforschen — **excelsus:** ausgezeichnet — **suggerere:** an die Hand geben, darlegen — **tricies centena milia:** 30 mal 100 000, drei Millionen — **versus:** Zeile — **effundere:** ausschütten, veröffentlichen — **perscrutari:** untersuchen, prüfen — **digesta** (pl.): Sammlung, Digesten — **pandectae:** Sammlung, Pandekten — **disputatio:** Erörterung — **decisio:** Entscheidung (zweifelhafter Rechtsfragen) — **legitimus:** gesetzmäßig, gesetzlich, rechtmäßig — **sinus:** Schoß, Obhut — **consummare:** zusammenrechnen, -fassen — **3b**

autem nobis antiquitati habita est reverentia, ut nomina prudentium taciturnitati tradere nullo patiamur modo; sed unusquisque eorum, qui auctor legis fuit, nostris digestis inscriptus est, hoc tantummodo a nobis effecto, ut, si quid in legibus eorum vel supervacuum vel imperfectum aut minus idoneum visum est, vel adiectionem vel deminutionem necessariam accipiat et rectissimis tradatur regulis. Et ex multis similibus vel contrariis quod rectius habere apparebat, hoc pro aliis omnibus positum est unaque omnibus auctoritate indulta, ut, quidquid ibi scriptum est, hoc nostrum appareat et ex nostra voluntate compositum, nemine audente comparare ea, quae antiquitas habebat, his, quae nostra auctoritas introduxit, quia multa et maxima sunt, quae propter utilitatem rerum transformata sunt.

4. Der Prozeß der Zwölftafeln

SI IN IUS VOCAT, ITO. NI IT, ANTESTAMINO: IGITUR EM CAPITO. SI CALVITUR PEDEMVE STRUIT, MANUM ENDO IACITO. SI MORBUS AEVITASVE VITIUM ESCIT, IUMENTUM DATO. SI NOLET, ARCERAM NE STERNITO. ADSIDUO VIN-

---

nobis: = a nobis — **reverentia:** Ehrfurcht, Verehrung — **prudens:** = iuris prudens, rechtskundig — **taciturnitas:** Stillschweigen, Vergessenheit — **unusquisque:** ein jeder — **inscribere:** eintragen, namentlich bezeichnen — **tantummodo:** = tantum — **imperfectus:** unvollendet, unvollkommen — **adiectio:** Zusatz — **deminutio:** Einschränkung, Streichung — **regula:** (Rechts-)Grundsatz, (Rechts-) Regel — **contrarius:** entgegengesetzt, sich widersprechend — **indulgere:** gewähren, erteilen — **introducere:** einführen — **utilitas rerum:** Zweckmäßigkeit — **transformare:** umgestalten, ändern.

4 **in ius:** vor Gericht — **antestamino** (von antestari): sie sollen als Zeugen (für die Rechtmäßigkeit der Festnahme) aufgefordert werden — **igitur:** dann — **em:** = eum — **calvi:** Ausflüchte machen — **pedem struere:** Bein bereitstellen, fliehen wollen — **manum endo iacito** (= inicito): er soll Hand auf (ihn) legen, (ihn) festnehmen — **aevitas:** = aetas — **vitium:** Hinderungsgrund, Hindernis — **escit:** = erit — **arcera:** bedeckter Wagen — **sternere:** zurechtmachen — **adsiduus:** seßhaft (als Inhaber einer Hofstelle), begütert — **vindex:** Bürge — **proletarius:** der nur Nachkommen (proles), aber kein Vermögen hat, Bürger der untersten Klasse — **ubi:** wenn — **pacere** (= pangere):

DEX ADSIDUUS ESTO; PROLETARIO IAM CIVI QUIS VOLET VINDEX ESTO. REM UBI PACUNT, ORATO. NI PACUNT, IN COMITIO AUT IN FORO ANTE MERIDIEM CAUSSAM COICIUNTO. TUM PERORANTO AMBO PRAESENTES. POST MERIDIEM PRAESENTI LITEM ADDICITO. SI AMBO PRAESENTES, SOLIS OCCASUS SUPREMA TEMPESTAS ESTO.

5. Die Vollstreckung der Zwölftafeln

AERIS CONFESSI REBUSQE IURE IUDICATIS XXX DIES IUSTI SUNTO. POST DEINDE MANUS INIECTIO ESTO. IN IUS DUCITO. NI IUDICATUM FACIT AUT QUIS ENDO EO IN IURE VINDICIT, SECUM DUCITO. VINCITO AUT NERVO AUT COMPEDIBUS XV PONDO, NE MAIORE, AUT SI VOLET, MINORE VINCITO. SI VOLET, SUO VIVITO. NI SUO VIVIT, QUI EUM VINCTUM HABEBIT, LIBRAS FARRIS ENDO DIES DATO. SI VOLET, PLUS DATO. TERTIIS NUNDINIS PARTIS SECANTO. SI PLUS MINUSVE SECUERUNT, SE FRAUDE ESTO.

---

gütlich beilegen, Vergleich schließen — **orato:** (der Prätor) soll (den Vergleich) bekräftigen — **comitium:** Platz an der Nordostecke des Forums, Komitium — **caussam coicere** (= causam conicere): die Sache vorbringen — **perorare:** im Zusammenhang vortragen — **lis:** Streit — **addicito:** (der Prätor) soll entscheiden — **suprema tempestas:** der letzte Zeitpunkt (für die Verhandlung).

aeris confessi: für eine (vor Gericht) anerkannte Geldschuld — **res** **5**
iure iudicata: rechtmäßig entschiedene Sache — **dies:** Tage als Frist für die Erfüllung — **iustus:** von Rechts wegen zugestanden — **manus iniectio:** Ergreifung, Festnahme — **in ius:** vor Gericht — **iudicatum facere:** die durch das Urteil bekräftigte Schuld erfüllen — **endo** (= in) **eo:** für ihn — **vindicere:** als Bürge den Prozeß übernehmen — **nervus:** Riemen, Strick — **compes:** Fußfessel — **XV pondo:** von 15 Pfund — **suo vivere:** vom Eigenen leben, sich selbst verpflegen — **libra:** Pfund — **far:** Spelt (Getreideart), Speltbrei — **endo dies:** jeden Tag, täglich — **nundinae:** (der an jedem 9. Tag gehaltene) Markttag — **partis secanto:** (die Gläubiger) sollen sich ihre Anteile schneiden — **se:** = sine — **fraus:** Verstoß, Rechtsbruch.

6. Persönliche und dingliche Klagen

Si quaeramus, quot genera actionum sint, verius videtur duo esse, in rem et in personam. In personam actio est, qua agimus cum aliquo, qui nobis vel ex contractu vel ex delicto obligatus est, id est cum intendimus DARE FACERE PRAESTARE OPORTERE. In rem actio est, cum aut corporalem rem intendimus nostram esse aut ius aliquod nobis competere, veluti utendi aut utendi fruendi, eundi agendi aquamve ducendi vel altius tollendi prospiciendive. Olim si in rem agebatur, mobilia quidem et moventia, quae modo in ius adferri adducive possent, in iure vindicabantur ad hunc modum: qui vindicabat, festucam tenebat, deinde ipsam rem adprehendebat, veluti hominem, et ita dicebat: HUNC EGO HOMINEM EX IURE QUIRITIUM MEUM ESSE AIO.

---

6 **actio in rem:** dingliche Klage — **actio in personam:** persönliche Klage — **contractus:** Vertrag — **delictum:** Vergehen, unerlaubte Handlung — **intendere:** Klageanspruch vorbringen, behaupten — **dare facere praestare oportere:** (der Schuldner) müsse etwas geben, tun oder gewährleisten — **corporalis:** körperlich — **competere:** zustehen — **uti frui:** Nießbrauch (Nutznießung; d. h. das Recht, eine Sache zu gebrauchen und von ihr Früchte zu ziehen) ausüben — **ire agere:** gehen, fahren und Vieh treiben — **altius tollere:** höher bauen — **prospicere:** voraussehen, Aussicht haben — **agere in rem:** dingliche Klage erheben — **moventia** (pl.): sich selbst (fort-)bewegende Sachen, Tiere und Sklaven — **festuca:** Stab — **adprehendere:** ergreifen — **Quirites:** Quiriten, Römer.

7. Das Muster für die Eigentumsklage

Titius iudex esto. Si paret fundum Capenatem, quo de agitur, ex iure Quiritium Auli Agerii esse neque is fundus arbitrio iudicis Aulo Agerio restituetur, quanti is fundus erit, tantam pecuniam iudex Numerium Negidium Aulo Agerio condemnato; si non paret, absolvito.

8. Das Muster für die Kaufklage

Titius iudex esto. Quod Aulus Agerius de Numerio Negidio hominem Stichum emit, qua de re agitur, quidquid ob eam rem Numerium Negidium Aulo Agerio dare facere oportet ex fide bona, eius iudex Numerium Negidium Aulo Agerio condemnato; si non paret, absolvito.

---

parere: = apparere — **Capenas:** im Gebiet von Capena (Stadt in Etrurien) gelegen, kapenatisch — **agi de aliqua re:** sich um etwas handeln — **Quirites:** Quiriten, Römer — **Aulus Agerius:** (Blankettname, d. h. als Beispiel eingesetzter Name für den Kläger) — **restituere:** wiederherstellen, zurückerstatten — **Numerius Negidius:** (Blankettname für den Beklagten). **7**

Aulus Agerius: (Blankettname, d. h. als Beispiel eingesetzter Name für den Kläger) — **Numerius Negidius:** (Blankettname für den Beklagten) — **agi de aliqua re:** sich um etwas handeln — **ex fide bona:** nach Treu und Glauben — **parere:** = apparere. **8**

EIGENTUM

9. Die Aneignung wilder Tiere

Omnia animalia, quae terra mari caelo capiuntur, id est ferae bestiae et volucres et pisces, capientium fiunt. Quod enim nullius est, id ratione naturali occupanti conceditur. Nec interest quod ad feras bestias et volucres, utrum in suo fundo quisque capiat an in alieno. Plane qui in alienum fundum ingreditur venandi aucupandive gratia, potest a domino, si is providerit, iure prohiberi, ne ingrediatur. Quidquid autem eorum ceperimus, eo usque nostrum esse intellegitur, donec nostra custodia coercetur; cum vero evaserit custodiam nostram et in naturalem libertatem se receperit, nostrum esse desinit et rursus occupantis fit. Naturalem autem libertatem recipere intellegitur, cum vel oculos nostros effugerit vel ita sit in conspectu nostro, ut difficilis sit eius persecutio. Illud quaesitum est, an fera bestia, quae ita vulnerata sit, ut capi possit, statim nostra esse intellegatur. Trebatio placuit statim nostram esse et eo usque nostram videri, donec eam persequamur, quodsi desierimus eam persequi, desinere nostram esse et rursus fieri occupantis; itaque si per hoc tempus, quo eam persequimur, alius eam ceperit eo animo, ut ipse lucrifaceret, furtum videri nobis eum commisisse. Plerique non aliter putaverunt eam nostram esse, quam si eam ceperimus, quia multa accidere possunt, ut eam non capiamus: quod verius est. Apium quoque natura fera est; itaque quae in arbore nostra consederint, antequam a nobis alveo concludantur, non magis nostrae esse intelleguntur quam volucres,

---

9 **animal:** Lebewesen, Tier — **volucris (bestia):** Vogel — **ratio naturalis:** natürliche Vernunft, vernünftige Erwägung — **occupare:** in Besitz nehmen, sich aneignen — **quod ad:** soviel betrifft, bei — **plane:** allerdings — **aucupari:** Vögel fangen — **gratia** (m. Gen., nachgestellt): wegen, um zu — **eo usque:** so lange — **donec:** (so lange) als — **custodia:** Bewachung, Gewahrsam — **in conspectu alicuius:** vor Augen, im Gesichtskreis jemandes — **persecutio:** Verfolgung — **quodsi:** wenn aber — **animus:** Absicht — **lucrifacere:** sich bereichern — **apis:** Biene — **alveus:** (Bienen-)Korb, Bienenstock — **concludere:**

quae in nostra arbore nidum fecerint. Ideo si alius eas incluserit, earum dominus erit. Favos quoque si quos hae fecerint, sine furto quilibet possidere potest; sed ut supra quoque diximus, qui in alienum fundum ingreditur, potest a domino, si is providerit, iure prohiberi, ne ingrediatur. Examen, quod ex alveo nostro evolaverit, eo usque nostrum esse intellegitur, donec in conspectu nostro est nec difficilis eius persecutio est; alioquin occupantis fit. Pavonum et columbarum fera natura est nec ad rem pertinet, quod ex consuetudine avolare et revolare solent; nam et apes idem faciunt, quarum constat feram esse naturam; cervos quoque ita quidam mansuetos habent, ut in silvas eant et redeant, quorum et ipsorum feram esse naturam nemo negat. In his autem animalibus, quae consuetudine abire et redire solent, talis regula comprobata est, ut eo usque nostra esse intellegantur, donec revertendi animum habeant, quodsi desierint revertendi animum habere, desinant nostra esse et fiant occupantium. Intelleguntur autem desisse revertendi animum habere tunc, cum revertendi consuetudinem deseruerint. Gallinarum et anserum non est fera natura; palam est enim alias esse feras gallinas et alios feros anseres. Itaque si quolibet modo anseres mei et gallinae meae turbati turbataeve adeo longius evolaverint, ut ignoremus ubi sint, tamen nihilominus in nostro dominio tenentur. Qua de causa furti nobis tenebitur, qui quid eorum lucrandi animo adprehenderit.

---

einschließen — **nidus:** Nest — **favus:** Wabe — **quilibet:** jeder, der will — **supra** (Adv.): oben — **examen:** (Bienen-)Schwarm — **evolare:** davonfliegen — **pavo:** Pfau — **columba:** Taube — **nec ad rem pertinet:** und es macht keinen Unterschied — **avolare:** wegfliegen — **revolare:** zurückfliegen — **cervus:** Hirsch — **mansuetus:** gezähmt — **regula:** (Rechts-)Grundsatz, (Rechts-) Regel — **deserere:** im Stich lassen, aufgeben — **gallina:** Huhn — **anser:** Gans — **palam est:** es ist offenkundig, klar — **dominium:** Eigentum — **lucrari:** sich bereichern — **adprehendere:** ergreifen.

10. Der genarrte Fallensteller

In laqueum, quem venandi causa posueras, aper incidit; cum eo haereret, exemptum eum abstuli: num tibi videor tuum aprum abstulisse? Et si tuum putas fuisse, si solutum eum in silvam dimisissem, eo casu tuus esse desisset an maneret? Et quam actionem mecum haberes, si desisset tuus esse, num in factum dari oporteret, quaero. Respondit: laqueum videamus ne intersit in publico an in privato posuerim et, si in privato posui, utrum in meo an in alieno, et, si in alieno, utrum permissu eius cuius fundus erat an non permissu eius posuerim; praeterea utrum in eo ita haeserit aper, ut expedire se non possit ipse, an diutius luctando expediturus se fuerit. Summam tamen hanc puto esse, ut, si in meam potestatem pervenit, meus factus sit. Sin autem aprum meum factum in suam naturalem laxitatem dimisisses et eo facto meus esse desisset, actionem mihi in factum dari oportere, veluti responsum est, cum quidam poculum alterius ex nave eiecisset.

11. Preisgabe von Eigentum

Pro derelicto rem a domino habitam si sciamus, possumus adquirere. Sed Proculus non desinere eam rem domini esse, nisi ab alio possessa fuerit; Iulianus desinere quidem omittentis esse, non fieri autem alterius, nisi possessa fuerit, et recte.

---

10 **laqueus:** Strick, Schlinge — **aper:** Eber — **actionem habere cum aliquo:** Klage, Anspruch gegen jemanden haben — **(actio) in factum:** eine auf einen (speziellen) Sachverhalt zugeschnittene Klage — **dare actionem:** Klage gewähren — **videamus ne:** wir wollen zusehen, ob ..., doch wohl — **in publico (loco):** auf öffentlichem Grund — **in privato (loco):** auf privatem Grund — **permissus:** Erlaubnis — **luctari:** kämpfen — **summa:** Hauptsache, Ergebnis — **laxitas:** Freiheit.

11 **habere aliquid pro derelicto:** Eigentum an etwas aufgeben — **adquirere:** erwerben — **Proculus:** ergänze putat.

12. ‚Seewurf‘

Alia causa est earum rerum, quae in tempestate maris levandae navis causa eiciuntur. Hae enim dominorum permanent, quia non eo animo eiciuntur, quod quis eas habere non vult, sed quo magis cum ipsa nave periculum maris effugiat. Qua de causa si quis eas fluctibus expulsas vel etiam in ipso mari nanctus lucrandi animo abstulerit, furtum committit.

13. Schatzfund

Thesaurus est vetus quaedam depositio pecuniae, cuius non exstat memoria, ut iam dominum non habeat; sic enim fit eius qui invenerit, quod non alterius sit. Alioquin si quis aliquid vel lucri causa vel metus vel custodiae condiderit sub terra, non est thesaurus; cuius etiam furtum fit.

14. Der Fund des Handwerkers

Qui a tutore pupilli domum mercatus erat, ad eius refectionem fabrum induxit; is pecuniam invenit; quaeritur, ad quem pertineat. Respondi, si non thesauri fuerunt, sed pecunia forte perdita vel per errorem ab eo ad quem pertinebat non ablata, nihilominus eius eam esse, cuius fuerat.

---

animus: Absicht — **quo magis:** damit — **lucrari:** sich bereichern. **12**

thesaurus: Schatz — **depositio:** Hinterlegung, Verwahrung — **custodia:** **13**
Bewachung, Gewahrsam.

tutor: Vormund — **pupillus:** Unmündiger, Mündel — **refectio:** Wie- **14**
derherstellung, Ausbesserung — **thesaurus:** Schatz.

15. Komplikationen beim Hausbau

Cum in suo loco aliquis aliena materia aedificaverit, ipse dominus intellegitur aedificii, quia omne quod inaedificatur solo cedit. Nec tamen ideo is qui materiae dominus fuit desiit eius dominus esse, sed tantisper neque vindicare eam potest neque ad exhibendum de ea agere propter legem duodecim tabularum, qua cavetur, ne quis tignum alienum aedibus suis iunctum eximere cogatur, sed duplum pro eo praestet. Appellatione autem tigni omnes materiae significantur, ex quibus aedificia fiunt. Ergo si aliqua ex causa dirutum sit aedificium, poterit materiae dominus nunc eam vindicare et ad exhibendum agere. Ex diverso si quis in alieno solo sua materia aedificaverit, illius fit aedificium, cuius et solum est et, si scit alienum solum esse, sua voluntate amisisse proprietatem materiae intellegitur; itaque neque diruto quidem aedificio vindicatio eius materiae competit. Certe si dominus soli petat aedificium nec solvat pretium materiae et mercedes fabrorum, poterit per exceptionem doli mali repelli, utique si nescit qui aedificavit alienum esse solum et tamquam in suo bona fide aedificavit; nam si scit, culpa ei obici potest, quod temere aedificavit in eo solo, quod intellegeret alienum.

16. Einbauten des Mieters

Habitator in aliena aedificia fenestras et ostia imposuit, eadem post annum dominus aedificiorum dempsit; quaero, is qui imposuerat possetne ea vindicare. Respondit posse; nam quae alienis aedificiis conexa essent, ea, quamdiu iuncta manerent, eorundem

---

15 **inaedificare:** einbauen, fest mit dem Grund verbinden — **cedere solo:** Teil des Bodens werden — **tantisper:** unterdessen, einstweilen — **agere ad exhibendum de aliqua re:** klagen, daß etwas vorgezeigt, vor Gericht gebracht wird — **cavere:** verordnen — **tignum:** Balken — **duplum:** das Doppelte, der doppelte Wert — **appellatio:** Bezeichnung, Begriff — **ex diverso:** andererseits, umgekehrt — **proprietas:** Eigentum — **vindicatio:** Eigentumsklage, Klage auf Herausgabe von Eigentum — **competere:** zustehen — **petere:** beanspruchen, gerichtlich geltend machen — **exceptio:** Vorbehalt, Einrede — **dolus malus:** böser Wille, Arglist — **utique:** jedenfalls — **bona fide:** in gutem Glauben — **obicere:** vorwerfen.

16 **habitator:** Bewohner, Mieter — **fenestra:** Fenster — **ostium:** Tür —

aedificiorum esse, simulatque inde dempta essent, continuo in pristinam causam reverti.

17. Herstellung von Waren

Cum quis ex aliena materia speciem aliquam suo nomine fecerit, Nerva et Proculus putant hunc dominum esse qui fecerit, quia quod factum est antea nullius fuerat. Sabinus et Cassius magis naturalem rationem efficere putant, ut, qui materiae dominus fuerit, idem eius quoque, quod ex eadem materia factum sit, dominus esset, quia sine materia nulla species effici possit: veluti si ex auro vel argento vel aere tuo vas aliquod fecero, vel ex tabulis tuis navem aut armarium aut subsellia fecero, vel ex lana tua vestimentum, vel ex vino et melle tuo mulsum, vel ex medicamentis tuis emplastrum aut collyrium, vel ex uvis aut olivis aut spicis tuis vinum vel oleum vel frumentum. Est tamen etiam media sententia recte existimantium, si species ad materiam reverti possit, verius esse quod Sabinus et Cassius senserunt, si non possit reverti, verius esse quod Nervae et Proculo placuit. Ut ecce vas conflatum ad rudem massam auri vel aeris reverti potest, vinum vero vel oleum vel frumentum ad uvas et olivas et spicas reverti non potest; ac ne mulsum quidem ad mel et vinum vel emplastrum aut collyria ad medicamenta reverti possunt. Videntur tamen mihi recte quidam dixisse non debere dubitari, quin alienis spicis excussum frumentum eius sit, cuius et spicae fuerunt; cum enim grana, quae spicis continentur, perfectam habeant suam speciem, qui excutit spicas, non novam speciem facit, sed eam quae est detegit.

---

conectere: verknüpfen, verbinden — **quamdiu:** solange — **continuo:** sofort — **in pristinam causam reverti:** sich wieder in der früheren Rechtslage befinden.

species: Gestalt, (einzelnes) Stück — **ratio naturalis:** natürliche **17**
Vernunft, vernünftige Erwägung — **tabula:** Brett — **armarium:** Schrank — **subsellium:** Bank, Sessel — **lana:** Wolle — **mel:** Honig — **mulsum:** Mischgetränk aus Wein und Honig — **medicamentum:** Arzneimittel — **emplastrum:** Wundpflaster — **collyrium:** (Augen-) Salbe — **uva:** Weintraube — **oliva:** Olive — **spica:** Ähre — **oleum:** Öl — **ut ecce:** wie zum Beispiel — **conflare:** einschmelzen — **massa:** Masse, Klumpen — **excutere:** herausschlagen, ausdreschen — **granum:** Korn — **detegere:** aufdecken, bloßlegen.

18. Ein Pfandgläubiger verliert seine Sicherheit

Si quis caverit, ut silva sibi pignori esset, licet materia ex ea silva caesa pignori sit, navem ex ea materia factam non esse pignori Cassius ait, quia aliud sit materia, aliud navis, et ideo nominatim in dando pignore adiciendum esse ait: ‚quaeque ex ea silva facta natave sint'.

19. Die Übertragung von Eigentum

Magna differentia est inter mancipi res et nec mancipi. Nam res nec mancipi ipsa traditione pleno iure alterius fiunt, si modo corporales sunt et ob id recipiunt traditionem. Itaque si tibi vestem vel aurum vel argentum tradidero sive ex venditionis causa sive ex donationis sive quavis alia ex causa, statim tua fit ea res, si modo ego eius dominus sim.

20. Rechtsfragen beim Briefversand

Si epistulam tibi misero, non erit ea tua, antequam tibi reddita fuerit. Paulus: immo interdum contra; nam si miseris ad me tabellarium tuum et ego rescribendi causa litteras tibi misero, simulatque tabellario tuo tradidero, tuae fient. Idem accidet in his litteris, quas tuae dumtaxat rei gratia misero, veluti si petieris a me, uti te alicui commendarem, et eas commenditicias tibi misero litteras.

---

18 **cavere:** sich (mit rechtlich unangreifbaren Formulierungen) ausbedingen, sich versprechen lassen — **licet** (m. Konj.): obwohl — **nominatim:** ausdrücklich.

19 **differentia:** Unterschied — **(res) mancipi:** Sache, die durch Manzipation übertragen werden muß — **(res) nec mancipi:** Sache, die nicht durch Manzipation übertragen wird — **traditio:** Übergabe, Besitzübertragung — **corporalis:** körperlich — **donatio:** Schenkung.

20 **contra (est):** es ist entgegengesetzt, anders — **tabellarius:** Briefbote — **rescribere:** (schriftlich) antworten — **dumtaxat:** lediglich, nur — **gratia** (m. Gen., nachgestellt): wegen, um zu — **commenditicius:** Empfehlungs-.

21. Die Manzipation, ein Scheinkauf

Est mancipatio imaginaria quaedam venditio; quod ius proprium civium Romanorum est, eaque res ita agitur: adhibitis non minus quam quinque testibus civibus Romanis puberibus et praeterea alio eiusdem condicionis, qui libram aeneam teneat, qui appellatur libripens, is qui mancipio accipit, aes tenens ita dicit: HUNC EGO HOMINEM EX IURE QUIRITIUM MEUM ESSE AIO ISQUE MIHI EMPTUS ESTO HOC AERE AENEAQUE LIBRA; deinde aere percutit libram idque aes dat ei a quo mancipio accipit quasi pretii loco. Eo modo et servi mancipantur et animalia quae mancipi sunt, quo in numero habentur boves equi muli asini; item praedia tam urbana quam rustica quae et ipsa mancipi sunt, qualia sunt Italica, eodem modo solent mancipari. In eo solo praediorum mancipatio a ceterorum mancipatione differt, quod servi et animalia quae mancipi sunt, nisi in praesentia sint, mancipari non possunt, adeo quidem, ut eum qui mancipio accipit adprehendere id ipsum, quod ei mancipio datur, necesse sit; unde etiam mancipatio dicitur, quia manu res capitur; praedia vero absentia solent mancipari. Ideo autem aes et libra adhibetur, quia olim aeneis tantum nummis utebantur, et erant asses, dupondii, semisses, quadrantes, nec ullus aureus vel argenteus nummus in usu erat, sicut ex lege duodecim tabularum intellegere possumus; eorumque nummorum vis et potestas non in numero erat, sed in pondere.

---

mancipatio: förmliche Eigentumsübertragung, Manzipation — **imaginarius:** auf Schein beruhend, Schein-; — **pubes:** geschlechtsreif, mündig — **eiusdem condicionis:** mit denselben Eigenschaften — **libra:** Waage — **aeneus:** aus Kupfer, aus Bronze — **libripens:** Waagehalter — **mancipio accipere:** durch förmliche Übertragung zu eigen erwerben — **Quirites:** Quiriten, Römer — **mancipare:** förmlich zu eigen übertragen — **animal:** Lebewesen, Tier — **(res) mancipi:** Sache, die durch Manzipation übertragen werden muß — **mulus:** Maulesel, Maultier — **asinus:** Esel — **praedium:** Grundstück — **urbanus:** städtisch, Stadt-; — **in eo solo:** nur in diesem Punkte — **servilis:** Sklaven-; — **in praesentia:** gegenwärtig, zugegen — **adprehendere:** ergreifen — **mancipio dare:** durch förmliche Übertragung zu eigen geben — **as:** Pfund, Ganzes, As — **dupondius:** Zwei-Pfund-, Zwei-As-Stück — **semis:** Hälfte, halber As — **quadrans:** Viertel, Viertelas. **21**

22. Die nasse Zwischenwand

Fistulam iunctam parieti communi, quae aut ex castello aut ex caelo aquam capit, non iure haberi Proculus ait; sed non posse prohiberi vicinum, quominus balineum habeat secundum parietem communem, quamvis umorem capiat paries, non magis quam si vel in triclinio suo vel in cubiculo aquam effundat. Sed Neratius ait, si talis sit usus tepidarii, ut assiduum umorem habeat et id noceat vicino, posse prohiberi eum.

23. Unerfreuliche Gerüche

Aristo Cerellio Vitali respondit non putare se ex taberna casiaria fumum in superiora aedificia iure immitti posse. Idemque ait et ex superiore in inferiora non aquam, non quid aliud immitti licere; in suo enim alicui hactenus facere licere, quatenus nihil in alienum immittat, fumi autem sicut aquae esse immissionem. Dicit igitur eum, qui tabernam casiariam a Minturnensibus conduxit, a superiore prohiberi posse fumum immittere, sed Minturnenses ei ex conducto teneri.

---

22 **fistula:** Röhre, Wasserleitung — **castellum:** Wasserbehälter — **balineum:** Bad — **umor:** Feuchtigkeit, Flüssigkeit — **non magis quam:** ebensowenig wie — **triclinium:** Eßzimmer — **cubiculum:** Schlafzimmer — **effundere:** ausschütten — **tepidarium:** Bad, Badezimmer (für lauwarme Bäder) — **assiduus:** unablässig, ständig.

23 **taberna:** Laden, Betrieb — **casiarius:** für Käsebereitung — **fumus:** Dampf, Rauch — **immittere:** (hinein-)leiten, eindringen lassen, zuführen — **quatenus:** (in) wieweit — **immissio:** Hineinlassen, Einwirkung, Zuführung — **Minturnenses:** die Gemeinde Minturnae (Stadt im südlichen Latium) — **conductum:** Mietvertrag.

SACHBESCHÄDIGUNG

24. Die gesetzliche Regelung

QUI SERVUM SERVAMVE ALIENUM ALIENAMVE QUADRUPEDEMVE PECUDEM INIURIA OCCIDERIT, QUANTI ID IN EO ANNO PLURIMI FUIT, TANTUM AES DARE ERO DAMNAS ESTO.
CETERARUM RERUM PRAETER HOMINEM ET PECUDEM OCCISOS SI QUIS ALTERI DAMNUM FAXIT, QUOD USSERIT FREGERIT RUPERIT INIURIA, QUANTI EA RES FUIT IN DIEBUS TRIGINTA PROXIMIS, TANTUM AES ERO DARE DAMNAS ESTO.

25. Das verhängnisvolle Ballspiel

Mela scribit, si, cum pila quidam luderent, vehementius quis pila percussa in tonsoris manus eam deiecerit et sic servi, quem tonsor radebat, gula sit praecisa adiecto cultello, in quocumque eorum culpa sit, eum lege Aquilia teneri. Proculus in tonsore esse culpam, et sane si ibi tondebat, ubi ex consuetudine ludebatur vel ubi transitus frequens erat, est quod ei imputetur, quamvis nec illud male dicatur, si in loco periculoso sellam habenti tonsori se quis commiserit, ipsum de se queri debere.

---

serva: Sklavin — **quadrupes:** (vierfüßiges) Tier — **erus:** Herr, Eigentümer — **damnas:** verpflichtet, schuldig — **faxit:** = fecerit. **24**

pila: Ball — **tonsor:** Barbier — **radere:** rasieren — **gula:** Kehle — **praecidere:** abschneiden, durchschneiden — **cultellus:** Messer — **Proculus:** ergänze putat — **tondere:** scheren, rasieren — **imputare:** anrechnen, vorwerfen. **25**

26. Ein Unfall beim Sport

Cum pila complures luderent, quidam ex his servulum, cum pilam percipere conaretur, impulit, servus cecidit et crus fregit; quaerebatur, an dominus servuli lege Aquilia cum eo, cuius impulsu ciciderat, agere possit. Respondi non posse, cum casu magis quam culpa videretur factum.

27. Der schlafende Heizer

Si fornacarius servus coloni ad fornacem obdormiverit et villa fuerit exusta, Neratius scribit ex locato conventum praestare debere, si neglegens in eligendis ministeriis fuit. Ceterum si alius ignem subiecerit fornaci, alius neglegenter custodierit, an tenebitur qui subiecerit? Nam qui non custodiit, nihil fecit; qui recte ignem subiecit, non peccavit. Quemadmodum si hominem medicus recte secuerit, sed neglegenter vel ipse vel alius curaverit, Aquilia cessat. Quid ergo est? Puto ad exemplum Aquiliae dandam actionem tam in eum qui ad fornacem obdormivit vel neglegenter custodiit quam in medicum qui neglegenter curavit, sive homo periit sive debilitatus est. Nec quisquam dixerit in eo, qui obdormivit, rem eum humanam et naturalem passum, cum deberet vel ignem extinguere vel ita munire, ne evagetur.

---

26 **pila:** Ball — **servulus:** Sklavenkind — **percipere:** auffangen — **crus:** Unterschenkel, Bein — **impulsus:** Stoß.

27 **fornacarius:** Ofen-, Heiz-; — **fornax:** Ofen — **obdormire:** einschlafen — **exurere:** ausbrennen, niederbrennen — **locatum:** Miet-, Pachtvertrag — **convenire aliquem:** jemanden belangen — **neglegens:** nachlässig, fahrlässig — **ceterum:** im übrigen — **subicere alicui rei:** unter etwas legen, anlegen — **custodire:** bewachen — **Aquilia:** ergänze lex — **cessare:** ruhen, keine Anwendung finden — **ad exemplum:** nach dem Muster von, in Analogie zu — **dare actionem:** Klage gewähren — **debilitare:** schwächen, zum Krüppel machen — **evagari:** sich verbreiten, um sich greifen.

28. Vorsicht beim Beladen!

Si ex plostro lapis ceciderit et quid ruperit vel fregerit, Aquiliae actione plostrarium teneri placet, si male composuit lapides et ideo lapsi sunt.

29. Der aufgehetzte Hund

Cum eo, qui canem irritaverat et effecerat, ut aliquem morderet, quamvis eum non tenuit, Proculus respondit Aquiliae actionem esse. Sed Iulianus eum demum Aquilia teneri ait, qui tenuit et effecit, ut aliquem morderet; ceterum si non tenuit, in factum agendum.

30. Der Kampf um die Laterne

Tabernarius in semita noctu supra lapidem lucernam posuerat, quidam praeteriens eam sustulerat. Tabernarius eum consecutus lucernam reposcebat et fugientem retinebat. Ille flagello, quod in manu habebat, in quo dolo inerat, verberare tabernarium coeperat, ut se mitteret. Ex eo maiore rixa facta tabernarius ei, qui lucernam sustulerat, oculum effoderat. Consulebat, num damnum iniuria non videretur dedisse, quoniam prior flagello percussus esset. Respondi: nisi data opera effodisset oculum, non videri damnum iniuria fecisse; culpam enim penes eum, qui prior flagello percussisset, residere; sed si ab eo non prior vapulasset, sed cum ei lucernam eripere vellet, rixatus esset, tabernarii culpa factum videri.

---

plostrum: (Last-)Wagen — **actio Aquiliae (legis):** Klage aus dem aquilischen Gesetz — **plostrarius:** Fuhrmann. **28**

irritare: reizen, aufhetzen — **mordere:** beißen — **actio Aquiliae (legis):** Klage aus dem aquilischen Gesetz — **demum:** nur — **ceterum:** im übrigen — **agere in factum:** mit einer auf einen speziellen Sachverhalt zugeschnittenen Formel klagen. **29**

tabernarius: Ladenbesitzer, Schankwirt — **semita:** (Fuß-)Weg — **lucerna:** Laterne — **reposcere:** zurückfordern — **flagellum:** Peitsche — **dolo:** Stilett, Stachel — **rixa:** Streit, Handgemenge — **dare damnum:** Schaden verursachen — **data opera:** mit Absicht — **penes** (m. Akk.): bei — **residere:** verbleiben — **vapulare:** Schläge bekommen — **rixari:** handgemein, tätlich werden. **30**

DIEBSTAHL

31. Begriffsbestimmung

Furtum non fit solum, cum quis intercipiendi causa rem alienam amovet, sed generaliter, cum quis rem alienam invito domino contrectat. Itaque si quis re quae apud eum deposita sit utatur, furtum committit. Et si quis rem utendam acceperit eamque in alium usum transtulerit, furti obligatur, veluti si quis argentum utendum acceperit, quasi amicos ad cenam invitaturus, et id peregre secum tulerit.

32. Der falsche Titius

Cum Titio honesto viro pecuniam credere vellem, subiecisti mihi alium Titium egenum, quasi ille esset locuples, et nummos acceptos cum eo divisisti: furti tenearis, quasi ope tua consilioque furtum factum sit; sed et Titius furti tenebitur.

33. Versuchter Einbruch

Qui furti faciendi causa conclave intravit, nondum fur est, quamvis furandi causa intravit. Quid ergo? Qua actione tenebitur? Utique iniuriarum, aut de vi accusabitur, si per vim introivit.

---

31 **amovere:** beiseite schaffen — **generaliter:** allgemein — **contrectare aliquid:** etwas antasten, sich an etwas vergreifen — **deponere:** in Verwahrung geben, hinterlegen — **transferre:** verwenden — **peregre:** über Land, in die Fremde.

32 **subicere aliquid:** etwas unterschieben — **egenus:** arm, mittellos.

33 **conclave:** Zimmer — **furari:** stehlen, entwenden — **utique:** jedenfalls.

34 **quodsi:** wenn aber — **derelinquere aliquid:** Eigentum an etwas aufgeben — **furari:** stehlen, entwenden — **animus:** Absicht.

35 **meretrix:** Prostituierte, Dirne — **ancilla:** Sklavin — **effringere:** auf-

34. Fundunterschlagung

Qui alienum quid iacens lucri faciendi causa sustulit, furti obstringitur, sive scit cuius sit sive nescit; nihil enim ad furtum minuendum facit, quod cuius sit ignoret. Quodsi dominus id dereliquit, furtum non fit eius, etiamsi ego furandi animum habuero; nec enim furtum fit, nisi sit cui fiat.

35. Der Dirnenraub

Verum est, si meretricem alienam ancillam rapuit quis vel celavit, furtum non esse; nec enim factum quaeritur, sed causa faciendi. Causa autem faciendi libido fuit, non furtum, et ideo etiam eum, qui fores meretricis effregit libidinis causa, ut fures non ab eo inducti, sed alias ingressi meretricis res egesserint, furti non teneri ex facto, cum incidisset, dixi. Hic enim turpius facit, quam qui subripit, sed secum facti ignominiam compensat; certe fur non est.

36. Das verjagte Vieh

Cum eo, qui pannum rubrum ostendit fugavitque pecus, ut in fures incideret, si quidem dolo malo fecit, furti actio est. Sed et si non furti faciendi causa hoc fecit, non debet impunitus esse lusus tam perniciosus. Idcirco Labeo scribit in factum dandam actionem.

---

brechen — **alias:** auf andere Weise, sonstwie — **egerere:** fortschaffen — **ex facto:** anläßlich eines Falles — **subripere:** heimlich wegnehmen, stehlen — **secum facti ignominiam compensare:** eine schändliche Tat mit sich selber ausmachen (compensare: ausgleichen, aufrechnen).

pannus: Tuch, Lappen — **ruber:** rot — **dolus malus:** böser Wille, Arglist — **actio est alicuius rei:** es besteht eine Klage (ein Anspruch) wegen etwas — **impunitus:** straflos — **lusus:** Spiel, Scherz — **dare actionem in factum:** eine auf einen (speziellen) Sachverhalt zugeschnittene Klage gewähren. **36**

37. Das Geschirr der Zeltgemeinschaft

In exercitu contubernalibus vasa utenda communi periculo dedi ac deinde meus servus subreptis his ad hostes profugit et postea sine vasis receptus est. Habiturum me commodati actionem cum contubernalibus constat pro cuiusque parte. Sed et illi mecum furti servi nomine agere possunt. Et si tibi rem periculo tuo utendam commodavero eaque a servo meo subripiatur, agere mecum furti possis servi nomine.

---

37 **contubernalis:** Zeltkamerad — **communi periculo:** zu gemeinsamem Risiko — **subripere:** heimlich wegnehmen, stehlen — **commodatum:** (unentgeltliche) Leihe, Leihvertrag — **actionem habere cum aliquo:** Klage, Anspruch gegen jemanden haben — **pro cuiusque parte:** für, auf den Anteil eines jeden — **commodare:** (unentgeltlich) verleihen.

KAUF

38. Wann ist der Kaufvertrag perfekt?

Emptio et venditio contrahitur, cum de pretio convenerit, quamvis nondum pretium numeratum sit ac ne arra quidem data fuerit; nam quod arrae nomine datur, argumentum est emptionis et venditionis contractae.

39. Tücken des Seekaufs

Rutilia Polla emit lacum Sabatenem Angularium et circa eum lacum pedes decem. Quaero, num, quia ii decem pedes, qui tunc accesserunt, sub aqua sint, quia lacus crevit, proximi pedes decem ab aqua Rutiliae Pollae iuris sint. Proculus respondit: ego existimo eatenus lacum, quem emit Rutilia Polla, venisse, quatenus tunc fuit, et circa eum decem pedes qui tunc fuerunt; nec ob eam rem, quod lacus postea crevit, latius eum possidere debet quam emit.

40. „Steinbrüche vorbehalten“

In lege fundi vendundi lapidicinae in eo fundo ubique essent exceptae erant, et post multum temporis in eo fundo repertae erant lapidicinae. Eas quoque venditoris esse Tubero respondit. Labeo referre, quid actum sit: si non appareat, non videri eas lapidicinas esse exceptas. Neminem enim nec vendere nec excipere quod non sit, et lapidicinas nullas esse, nisi quae appareant et caedantur. Aliter interpretantibus totum fundum lapidicinarum fore, si forte toto eo sub terra esset lapis. Hoc probo.

---

emptio: Kauf — **contrahere:** (Vertrag) abschließen — **convenit de** 38
aliqua re: man einigt sich über einen Punkt — **arra:** Angeld, Anzahlung, Draufgabe.

iuris alicuius esse: jemandem gehören — **eatenus-quatenus:** so weit - 39
wie weit.

lapidicina: Steinbruch — **ubique:** = ubicumque — **excipere:** ausneh- 40
men, (sich) vorbehalten — **refert:** es macht etwas aus, es macht einen Unterschied — **caedere:** hauen, brechen, ausbeuten — **interpretari:** auslegen.

41. Gestohlene Waren

Materia empta si furto perisset, postquam tradita esset, emptoris esse periculo respondit, si minus, venditoris. Videri autem trabes traditas, quas emptor signasset.

42. Reklame

Sciendum est quaedam, et si dixerit venditor, praestare eum non debere, scilicet ea, quae ad nudam laudem servi pertinent, veluti si dixerit frugi, probum, dicto audientem. Ut enim Pedius scribit, multum interest, commendandi servi causa quid dixerit, an vero praestaturum se promiserit quod dixit. Plane si dixerit aleatorem non esse, furem non esse, ad statuam numquam confugisse, oportet eum id praestare.

43. Überspitzte Ansprüche

Si quid venditor de mancipio adfirmaverit idque non ita esse emptor queratur, aut redhibitorio aut aestimatorio, id est quanto minoris, iudicio agere potest. Verbi gratia si constantem aut laboriosum aut curracem aut vigilacem esse, aut ex frugalitate sua peculium adquirentem adfirmaverit, et is ex diverso levis protervus desidiosus somniculosus piger tardus comesor inveniatur. Haec omnia videntur

---

41 **si minus:** wenn nicht, sonst — **trabs:** Balken — **signare:** kennzeichnen.

42 **frugi** (indekl.): brav, sparsam — **dicto audiens:** gehorsam — **plane:** allerdings — **aleator:** Würfelspieler, Spieler.

43 **iudicium redhibitorium:** Klage auf Rückgängigmachung eines Kaufs, Wandlungsklage — **iudicium aestimatorium:** Klage auf Herabsetzung des Kaufpreises, Minderungsklage — **iudicium quanto minoris:** Klage ‚um wieviel weniger', Minderungsklage — **verbi gratia:** zum Beispiel — **laboriosus:** arbeitsam, fleißig — **currax:** schnell laufend, schnell — **vigilax:** wachsam — **frugalitas:** Sparsamkeit — **peculium:** Sondergut, Sondervermögen (zur freien Verfügung eines Hauskindes oder Sklaeo pertinere, ne id quod adfirmaverit venditor amare ab eo exigatur, sed cum quodam temperamento, ut si forte constantem esse adfirmaverit, non exacta gravitas et constantia quasi a philosopho desideretur, et si laboriosum et vigilacem adfirmaverit esse, non continuus labor per dies noctesque ab eo exigatur, sed haec omnia ex bono et aequo modice desiderentur. Idem et in ceteris quae venditor adfirmaverit intellegemus. Venditor, qui optimum cocum esse dixerit, optimum in eo artificio praestare debet. Qui vero simpliciter cocum esse dixerit, satisfacere videtur, etiamsi mediocrem cocum praestet. Idem et in ceteris generibus artificiorum.

44. Haftung für Mängel

Aiunt aediles: QUI MANCIPIA VENDUNT CERTIORES FACIANT EMPTORES, QUID MORBI VITIIVE CUIQUE SIT, QUIS FUGITIVUS ERROVE SIT NOXAVE SOLUTUS NON SIT, EAQUE OMNIA, CUM EA MANCIPIA VENIBUNT, PALAM RECTE PRONUNTIANTO. Causa huius edicti proponendi est, ut occurratur fallaciis vendentium et emptoribus succurratur, quicumque decepti a venditoribus fuerint; dummodo sciamus venditorem, etiamsi ignoravit ea quae aediles praestari iubent, tamen teneri debere. Nec est hoc iniquum; potuit enim ea nota habere venditor, neque interest emptoris, cur fallatur, ignorantia venditoris an calliditate.

---

ven) — **adquirere:** erwerben — **ex diverso:** im Gegenteil — **protervus:** frech — **desidiosus:** träge, faul — **somniculosus:** schläfrig — **comesor:** Fresser, gefräßig — **amarus:** bitter, streng — **temperamentum:** Mäßigung — **exactus:** vollkommen — **philosophus:** Weiser, Philosoph — **ex bono et aequo:** auf redliche, billige Weise — **cocus:** Koch.

erro: Herumtreiber — **noxa solutus:** von der Haftung für Schadenszufügung frei — **edictum:** Bekanntmachung, Verordnung, Edikt — **occurrere:** begegnen, verhindern — **fallacia:** Betrügerei — **habere aliquid notum:** etwas kennen — **ignorantia:** Unwissenheit, Unkenntnis — **calliditas:** Schlauheit. **44**

45. Die Zahnlücke

Cui dens abest, non est morbosus; magna enim pars hominum aliquo dente caret neque ideo morbosi sunt, praesertim cum sine dentibus nascimur nec ideo minus sani sumus, donec dentes habeamus; alioquin nullus senex sanus esset.

46. Fehlgeburt und Schwangerschaft

Quaeritur de ea muliere, quae semper mortuos parit, an morbosa sit. Et ait Sabinus, si vulvae vitio hoc contingit, morbosam esse. Si mulier praegnas venierit, inter omnes convenit sanam eam esse; maximum enim ac praecipuum munus feminarum est accipere ac tueri conceptum.

47. Mundgeruch

Is cui os oleat an sanus sit, quaesitum est. Trebatius ait non esse morbosum, veluti hircosum, strabonem; hoc enim ex illuvie oris accidere solere. Si tamen ex corporis vitio id accidit, veluti quod iecur, quod pulmo aut aliud quid similiter dolet, morbosus est.

48. Der Bettnässer

Item de eo qui urinam facit quaeritur. Et Pedius ait non ob eam rem sanum non esse, quod in lecto somno vinoque pressus aut etiam pigritia surgendi urinam faciat; sin autem vitio vesicae collectum umorem continere non potest, non quia urinam in lecto facit, sed quia vitiosam vesicam habet, redhiberi posse.

---

45 donec: (so lange) bis.

46 vulva: Gebärmutter — **contingere:** eintreten, sich ereignen — **praegnas:** schwanger — **inter omnes convenit:** alle stimmen darin überein — **conceptus:** Leibesfrucht.

47 olere: riechen, stinken — **hircosus:** (wie ein Bock) stinkend — **strabo:** schielend — **illuvies:** Verschmutzung, Fäulnis — **iecur:** Leber — **pulmo:** Lunge.

48 urinam facere: sich benässen (urina: Harn) — **pigritia:** Trägheit — **vesica:** Blase — **vitiosus:** fehlerhaft, mangelhaft — **redhibere:** zurückgeben.

49. Schlimme Folgen mangelhafter Waren

Iulianus libro quinto decimo inter eum, qui sciens quid aut ignorans vendidit, differentiam facit in condemnatione ex empto; ait enim, qui pecus morbosum aut tignum vitiosum vendidit, si quidem ignorans fecit, id tantum ex empto actione praestaturum, quanto minoris essem empturus, si id ita esse scissem; si vero sciens reticuit et emptorem decepit, omnia detrimenta, quae ex ea emptione emptor traxerit, praestaturum ei; sive igitur aedes vitio tigni corruerunt, aedium aestimatio, sive pecora contagione morbosi pecoris perierunt, quod interfuit idonea venisse erit praestandum.

50. Die fatale Unpünktlichkeit

Mulier fundos Gaio Seio vendidit et acceptis arrae nomine certis pecuniis statuta sunt tempora solutioni reliquae pecuniae; quibus si non paruisset emptor, pactus est, ut arram perderet et inemptae villae essent. Die statuto emptor testatus est se pecuniam omnem reliquam paratum fuisse exsolvere (et sacculum cum pecunia signatorum signis obsignavit), defuisse autem venditricem, posteriore autem die testatus est se nomine fisci conventum esse, ne ante mulieri pecuniam exsolveret, quam fisco satisfaceret. Quaesitum est, an fundi non sint in ea causa, ut a venditrice vindicari debeant ex conventione venditionis. Respondit secundum ea quae proponerentur non commisisse in legem venditionis emptorem.

---

differentia: Unterschied, Unterscheidung — **condemnatio:** Verurteilung — **actio ex empto:** Klage aus dem Kaufvertrag (emptum: Kauf, Kaufvertrag) — **tignum:** Balken — **vitiosus:** fehlerhaft, mangelhaft — **reticere:** verschweigen — **emptio:** Kauf — **detrimentum trahere:** Schaden erleiden — **aestimatio:** Schätzwert, Geldwert, Wert — **contagio:** Ansteckung — **idonea:** ergänze pecora. **49**

arra: Angeld, Anzahlung, Draufgabe — **solutio:** Bezahlung — **inemptus:** (so gut wie) nicht gekauft — **exsolvere:** bezahlen — **sacculus:** Beutel — **signum:** Zeichen, Siegel — **signator:** Untersiegler (d. h. jemand, der als Zeuge etwas mit seinem Siegel versieht), Zeuge — **obsignare:** versiegeln — **venditrix:** Verkäuferin — **fiscus:** Staatskasse — **convenire aliquem:** jemanden belangen — **conventio:** Vereinbarung, Vertrag. **50**

SONSTIGE VEREINBARUNGEN

51. Anschläge in Geschäften

De quo palam proscriptum fuerit, ne cum eo contrahatur, is praepositi loco non habetur. Non enim permittendum erit cum institore contrahere, sed si quis nolit contrahi, prohibeat. Ceterum qui praeposuit tenebitur ipsa praepositione. Proscribere palam sic accipimus: claris litteris, unde de plano recte legi possit, ante tabernam scilicet vel ante eum locum in quo negotiatio exercetur, non in loco remoto, sed in evidenti. Litteris utrum Graecis an Latinis? Puto secundum loci condicionem, ne quis causari possit ignorantiam litterarum. Certe si quis dicat ignorasse se litteras vel non observasse quod propositum erat, cum multi legerent cumque palam esset propositum, non audietur. Proscriptum autem perpetuo esse oportet. Ceterum si per id temporis, quo propositum non erat, vel obscurata proscriptione contractum sit, institoria locum habebit. Proinde si dominus quidem mercis proscripsit, alius autem sustulit, aut vetustate vel pluvia vel quo simili contigit, ne proscriptum esset vel non pareret, dicendum eum qui praeposuit teneri. Sed si ipse institor decipiendi mei causa detraxit, dolus ipsius praeponenti nocere debet, nisi particeps doli fuerit qui contraxit.

---

51 **contrahere:** (Vertrag) abschließen — **praepositus:** Geschäftsführer — **permittendum non est:** man ist nicht verpflichtet zu gestatten — **institor:** Leiter einer Geschäftsstelle, Filialleiter — **ceterum:** im übrigen — **praepositio:** Einsetzung (eines Geschäftsführers) — **de plano:** von ebener Erde — **taberna:** Laden, Geschäft — **negotiatio:** Geschäft, Handel — **remotus:** entlegen — **evidens:** gut sichtbar — **causari:** vorschützen — **ignorantia:** Unkenntnis — **propositum:** = proscriptum — **obscuratus:** verdunkelt, verblaßt — **proscriptio:** Aufschrift, Anschlag — **(actio) institoria:** Klage wegen der Geschäfte, die der Institor abgeschlossen hat (gegen den Prinzipal) — **locum habere:** statthaben, zur Anwendung kommen — **proinde:** demnach — **pluvia:** Regen — **contingere:** eintreten, sich ereignen — **parere:** = apparere.

52. Eine sittenwidrige Vertragsstrafe

Titia, quae ex alio filium habebat, in matrimonium coit Gaio Seio habenti filiam. Et tempore matrimonii consenserunt, ut filia Gaii Seii filio Titiae desponderetur, et interpositum est instrumentum et adiecta poena, si quis eorum nuptiis impedimento fuisset. Postea Gaius Seius constante matrimonio diem suum obiit et filia eius noluit nubere. Quaero, an Gaii Seii heredes teneantur ex stipulatione. Respondit ex stipulatione, quae proponeretur, cum non secundum bonos mores interposita sit, agenti exceptionem doli mali obstaturam, quia inhonestum visum est vinculo poenae matrimonia obstringi sive futura sive iam contracta.

53. Die Altersversorgung des Hauslehrers

Aquilius Regulus iuvenis ad Nicostratum rhetorem ita scripsit: ‚Quoniam et cum patre meo semper fuisti et me eloquentia et diligentia tua meliorem reddidisti, dono et permitto tibi habitare in illo cenaculo eoque uti.' Defuncto Regulo controversiam habitationis patiebatur Nicostratus, et cum de ea re mecum contulisset, dixi posse defendi non meram donationem esse, verum officium magistri quadam mercede remuneratum Regulum, ideoque non videri donationem sequentis temporis irritam esse.

---

in matrimonium coire alicui: mit jemandem die Ehe schließen, jemanden heiraten — **despondere:** verloben — **interponere:** aufsetzen, abfassen — **instrumentum:** Urkunde — **nuptiae:** Heirat — **obire diem suum:** sterben — **stipulatio:** förmliches Schuldversprechen — **exceptio:** Vorbehalt, Einrede — **dolus malus:** böser Wille, Arglist — **obstare:** entgegenstehen — **inhonestus:** unehrenhaft, unanständig — **contrahere:** (Vertrag) abschließen. 52

rhetor: Lehrer der Beredsamkeit, Rhetor — **cenaculum:** Eßzimmer, (Miet-)Zimmer (im Obergeschoß), Wohnung — **defungi:** sterben — **habitatio:** Wohnung, Wohnrecht — **conferre cum aliquo:** sich mit jemandem besprechen — **merus:** rein — **donatio:** Schenkung — **remunerari:** entgelten, belohnen. 53

54. Der allzu heftige Lehrherr

Iulianus libro octagesimo sexto digestorum scripsit, si sutor puero parum bene facienti forma calcei tam vehementer cervicem percusserit, ut ei oculus effunderetur, ex locato esse actionem patri eius. Quamvis enim magistris levis castigatio concessa sit, tamen hunc modum non tenuisse. Iniuriarum autem actionem competere Iulianus negat, quia non iniuriae faciendae causa hoc fecerit, sed praecipiendi.

55. Ein freudiges Ereignis auf dem Schiff

Si quis mulierem vehendam nave conduxisset, deinde in nave infans natus fuisset, probandum est pro infante nihil deberi, cum neque vectura eius magna sit neque his omnibus utatur, quae ad navigantium usum parantur.

56. Der zerbrochene Kelch

Si calicem diatretum faciendum dedisti, si quidem imperitia fregit, ex locato tenebitur; si vero non imperitia fregit, sed rimas habebat vitiosas, potest esse excusatus. Et ideo plerumque artifices convenire solent, cum eiusmodi materiae dantur, non periculo suo se facere, quae res ex locato tollit actionem.

---

54 **digesta** (pl.): Sammlung, Digesten — **sutor:** Schuster — **forma calcei:** Schuhform, Leisten — **effundere:** ausschlagen — **locatum:** Dienst-, Lehrvertrag — **castigatio:** Züchtigung — **competere:** zustehen.

55 **conducere aliquem vehendum:** sich verpflichten, jemanden zu befördern — **vectura:** Fahrtkosten.

56 **calix:** Kelch, Becher — **diatretus:** mit durchbrochener Arbeit — **imperitia:** Unerfahrenheit — **fregit:** ergänze artifex — **locatum:** Werkvertrag — **rima:** Spalt, Riß — **vitiosus:** fehlerhaft, mangelhaft — **convenire:** vereinbaren.

57. Was ist ein Darlehen?

Mutui datio proprie in his fere rebus contingit quae pondere numero mensura constant, qualis est pecunia numerata vinum oleum frumentum aes argentum aurum. Quas res aut numerando aut metiendo aut pendendo in hoc damus, ut accipientium fiant et quandoque nobis non eaedem sed aliae eiusdem naturae reddantur. Unde etiam mutuum appellatum est, quia, quod ita tibi a me datum est, ex meo tuum fit.

58. Darlehen und ähnliche Verträge

Mutuum damus recepturi non eandem speciem quam dedimus (alioquin commodatum erit aut depositum), sed idem genus; nam si aliud genus, veluti ut pro tritico vinum recipiamus, non erit mutuum.

59. Ein Student verleiht sein Kostgeld

Cum filius familias viaticum suum mutuum dederit, cum studiorum causa Romae ageret, responsum est a Scaevola extraordinario iudicio esse illi subveniendum.

---

datio: Gewährung, Hingabe — **proprie:** eigentlich — **contingere:** eintreten, zustande kommen — **mensura:** Maß — **pecunia numerata:** Bargeld — **oleum:** Öl — **quandoque:** irgendwann. 57

species: Gestalt, (bestimmtes) Stück — **commodatum:** (unentgeltliche) Leihe, Leihvertrag — **depositum:** Verwahrungsvertrag — **triticum:** Weizen. 58

filius familias: Haussohn — **viaticum:** Reisegeld, Kostgeld — **studium:** Unterricht, Studium — **iudicium extraordinarium:** außerordentliches Gerichtsverfahren. 59

60. Scheck und Vereinbarungsdarlehen

Singularia quaedam recepta sunt circa pecuniam creditam. Nam si tibi debitorem meum iussero dare pecuniam, obligaris mihi, quamvis meos nummos non acceperis. Quod igitur in duabus personis recipitur, hoc et in eadem persona recipiendum est, ut, cum ex causa mandati pecuniam mihi debeas et convenerit, ut crediti nomine eam retineas, videatur mihi data pecunia et a me ad te profecta.

61. Das verlorene Darlehen

Et ille quidem qui mutuum accepit, si quolibet casu quod accepit amiserit, nihilominus obligatus permanet.

---

60 **debitor:** Schuldner — **mandatum:** Auftrag — **convenit:** man kommt überein — **creditum:** Darlehen.

61 **quilibet:** ein beliebiger.

62. Die gescheiterte Verlegenheitslösung

Rogasti me, ut tibi pecuniam crederem; ego cum non haberem, lancem tibi dedi vel massam auri, ut eam venderes et nummis utereris. Si vendideris, puto mutuam pecuniam factam. Quodsi lancem vel massam sine tua culpa perdideris prius quam venderes, utrum mihi an tibi perierit, quaestionis est. Mihi videtur Nervae distinctio verissima existimantis multum interesse, venalem habuerim hanc lancem vel massam necne, ut, si venalem habui, mihi perierit, quemadmodum si alii dedissem vendendam; quodsi non fui proposito hoc ut venderem, sed haec causa fuit vendendi, ut tu utereris, tibi eam perisse, et maxime si sine usuris credidi.

63. Das gepfändete Floß

Qui ratiario crediderat, cum ad diem pecunia non solveretur, ratem in flumine sua auctoritate detinuit. Postea flumen crevit et ratem abstulit. Si invito ratiario retinuisset, eius periculo ratem fuisse respondit, sed si debitor sua voluntate concessisset, ut retineret, culpam dumtaxat ei praestandam, non vim maiorem.

---

lanx: Schüssel — **massa:** Masse, Klumpen — **mutua pecunia:** geborgtes Geld, Darlehen — **quodsi:** wenn aber — **distinctio:** Unterscheidung — **venalis:** verkäuflich — **propositum:** Absicht — **usura:** Zins. **62**

ratiarius: Flößer — **ad diem:** zum festgesetzten Tage, termingemäß — **debitor:** Schuldner — **dumtaxat:** lediglich, nur — **vis maior:** höhere Gewalt. **63**

HÄUFIGERE WÖRTER UND WORTBEDEUTUNGEN

actio:	Handlung, Rechtsgeschäft, Klage, Klagformel, Anspruch
aes:	Erz, Kupferstück, Geld
agere:	tun, handeln, verhandeln, (gerichtlich) betreiben, sich aufhalten
agere (cum aliquo) (alicuius rei):	(gegen jemanden) prozessieren, (jemanden) verklagen (wegen einer Sache)
alioquin:	im übrigen, sonst
argentum:	Silber, Silbergeschirr
auctoritas:	Befugnis, Amtsgewalt, (rechtliche) Gültigkeit
causa:	Grund, Ursache, Rechtslage
committere:	begehen, sich vergehen
credere:	anvertrauen, leihen, darleihen
dominus:	Herr, Eigentümer
emptor:	Käufer
fur:	Dieb
homo:	Mensch, Sklave
ius:	Recht, Befugnis, Gericht
lex:	Gesetz, Vertragsbestimmung
materia:	(Bau-)Material, (Rechts-)Stoff
morbosus:	krank
mutuum:	Darlehen
nomine:	im Namen, wegen, als
percutere:	werfen, schlagen, anstoßen
pertinere ad aliquid, ad aliquem:	sich auf etwas beziehen, jemandem gehören
proponere:	aufstellen, anschlagen, vorbringen
quaerere:	untersuchen, (bei einem Juristen) anfragen
quamvis:	obwohl
recipere:	aufnehmen, zulassen, wiedererlangen
respondere:	(Rechts-)Bescheid erteilen
tenere:	halten, binden, verpflichten
teneri (alicuius rei):	haften, verpflichtet sein (wegen etwas)
uti:	gebrauchen, Gebrauchsrecht ausüben
venditio:	Verkauf
venditor:	Verkäufer